AF460571

Vente du Mardi 19 Mars 1867.

OBJETS D'ART

ET DE CURIOSITÉ

PROVENANT

DU CABINET DE M. P.

Exposition publique le Lundi 18 Mars 1867

Mᵉ CHARLES PILLET, COMMISSAIRE-PRISEUR | M. CARLE DELANGE, EXPERT

1867

CATALOGUE

DES

OBJETS D'ART

ET DE CURIOSITÉ

Émaux; Bronzes; Ivoires;
Faïences; Orfévrerie; Bijoux; Verrerie; Objets religieux;
Objets divers.

Provenant du Cabinet de M. P...

DONT LA VENTE AUX ENCHÈRES PUBLIQUES AURA LIEU

HOTEL DROUOT, SALLE N° 7

Le Mardi 19 Mars 1867

A DEUX HEURES.

Par le ministère de Me **Charles PILLET**, Commissaire-Priseur,
11, rue de Choiseul,
Assisté de M. **Carle DELANGE**, Expert, 5, quai Voltaire.
Chez lesquels se trouve le Catalogue.

EXPOSITION PUBLIQUE

Le Lundi 18 Mars 1867, de une heure à cinq heures.

CONDITIONS DE LA VENTE

Elle sera faite au comptant.

Les adjudicataires payeront *cinq pour cent* en sus des enchères

L'exposition mettant le public à même de se rendre compte de l'état des objets, il ne sera admis aucune réclamation une fois l'adjudication prononcée.

Paris. — Imprimerie de PILLET fils aîné, rue des Grands-Augustins. 5.

DÉSIGNATION DES OBJETS

1 — Grand et beau plat en faïence italienne représentant un sujet de bataille, fabrique d'Urbino. — Son pendant restauré.

Ce n° sera divisé.

2 — Plat en faïence italienne représentant Hercule tuant l'Hydre de Lerne. — Au revers in bottega de M° Guido Durantino in Urbino, 1535.

3 — Joli plat amatoria; sur le sommet d'une montagne, au milieu du plat, Jupiter et Léda, sur le bord, la naissance de Castor et Pollux, le Cygne regardant les œufs éclore semble s'en réjouir.

4 — Plat faïence italienne représentant, au centre, la tentation d'Adam et Ève, le bord est décoré de trophées et de figures de femmes et de génies.—Fabrique de Castel-Durante.

5 — Grand plat en faïence italienne couvert d'arabesques, disposées par zones, bleu sur fond blanc, le milieu est occupé par d'autres arabesques rayonnantes, le centre occupé par un blason, signé au revers : Chaffagioli.

6 — Petit vase forme de coquetier en faïence à reflets métalliques cuivreux. Travail mauresque.

7 — Deux petites salières en grés de Flandre.

8 — Joli vase d'orfévrerie en argent doré avec couvercle surmonté d'une figurine de Diane, la panse est formée par celle d'un vase en faïence italienne décorée de deux sujets mythologiques d'une très-fine exécution, la monture est d'un joli travail du XVIe siècle.

9 — Calice à panse et couvercle à bosselage monté sur une branche à figurines. Pièce d'orfévrerie allemande d'une jolie forme.

10 — Vidrecome allemand en argent doré et repoussé à bossages. Date 1656.

11 — Vase d'argent parties dorées sur pied élevé dont la coupe a la forme d'une coquille surmontée d'une petite figure de guerrier, la tige est formée par une figure de génie reposant sur une base décorée d'ornements repoussés. Travail Italien du XVIe siècle.

12 — Jolie aiguière en argent doré décorée de bas reliefs et d'ornements en repoussé, d'après une composition de Lepautre. Époque de Louis XIV.

13 — Grand plateau rectangulaire à anses en argent repoussé décoré de feuillages et de mascarons. Époque de Louis XIII.

14 — Cuiller en argent. Époque Louis XV.

15 — Couverture d'évangéliaire en émail. Au centre le Christ en croix, entre la Vierge et saint Jean, en haut deux figures d'anges. La bordure est couverte de riches ornements et de figures d'anges. Pièce capitale de Limoges, XIIIe siècle.

16 — Crosse d'abbé en cuivre doré et émaillé, au centre de la volute un lion ; elle se termine dans le bas par une demi-figure d'ange, le nœud est formé par des salamandres entrelacées, et sur la douille rampent trois dragons dont l'échine est ornée de perles bleues. Travail Limousin du XIIIe siècle.

17 — Navette à encens en cuivre doré et émaillé; sur les plaques émaillées, dont l'une sert de couvercle, sont deux petits serpents enroulés. Travail italien du XIIIe siècle.

18 — Agrafe émail rond représentant l'Annonciation montée en bronze avec cabochon. Limoges fin du XVe siècle.

19 — Plaque en émail de Limoges représentant Deucalion et Pyrrha repeuplant la terre. Signée F. L. (François-Limousin), 1633.

20 — Plaque en émail représentant le Labourage. Signée F. L. 1633.

21 — Plaque en émail de Limoges représentant Dédale et Icare. Par François Limousin.

22 — Plaque ovale en émail de Limoges représentant une chasse au cerf. XVIe siècle.

23 — Petite plaque octogone en émail de Limoges représentant Minerve debout. Par Jean Limousin.

24 — Plaquette en émail de Limoges. Jeune enfant.

25 — Plaque en émail de Limoges représentant Madame de Maintenon priant. Signée au revers : P. Nouailher.

26 — Écritoire en bronze dont la coupe est supportée par trois figures d'enfants agenouillés, sur le couvercle une statuette de victoire. Travail italien fin du XVIe siècle.

27 — Écritoire en bronze représentant une nacelle. Travail italien.

28 — Joli flambeau en bronze formé par une figure de satyre debout tenant un binet, et placé sur un socle triangulaire flanqué de trois petits masques barbus qui lui servent de pieds. Travail italien du XVIe siècle.

29 — Joli flambeau en bronze formé par un satyre accroupi. Travail italien du XVIe siècle.

30 — Deux pommeaux de chaises en bronze à parties dorées représentant des figures d'enfants ailés assis sur des Dauphins. Travail Italien. Époque Louis XIII.

31 — Marteau de porte en bronze formé par une tête de femme et terminé par des enroulements et une tête d'enfant. Travail italien du XVIe siècle.

32 — Petite figurine de bronze représentant Vulcain assis sur son enclume. Travail italien du XVIe siècle.

33 — Statuette en bronze représentant Vénus et l'Amour sur un Dauphin. Travail italien.

34 — Statuette en bronze représentant Endymion. Travail italien.

35 — Fragment en bronze du groupe de Laocoon. Travail italien.

36 — Quatre appliques en bronze représentant des têtes d'homme et de femme entrourées de guirlandes. Travail italien.

37 — Très jolie plaque en bronze représentant Jésus-Christ couronnant la Vierge, autour une gloire d'anges. Travail italien du XVIe siècle.

38 — Deux bas reliefs en bronze représentant deux épisodes de l'Enfant prodigue. Travail allemand du XVIe siècle.

39 — Plaquette ovale en bronze représentant un enfant couché. Travail italien.

40 — Hache d'arme orientale en fer damassé, ciselé et damasquiné d'or. Le couperet est surmonté d'une pointe ornée à sa base de quatre espèce de volutes.

41 — Vase persan en bronze étamé, décoré d'arabesques gravées en relief et de sujet représentant des combattants.

42 — Petit brûle-parfums en bronze doré en forme de taureau. Travail italien.

43 — Fer de lance gravé et doré.

44 — Marteau d'armes en bronze décoré d'arabesques et de cariatides. Travail Italien du XVIe siècle.

45 — Boîte à miroir en bronze doré à sujets mythologiques. Travail Italien du XVIe siècle.

46 — Deux petites cassolettes en bronze argenté. Époque Louis XV.

47 — Petit cadre en bronze doré et ciselé. Époque Louis XVI.

48 — Grande statuette d'Erygone en ivoire, appuyée sur un tronc d'arbre autour duquel s'enroule un pampre. Pièce capitale de travail flamand. — (Vente Pourtalès).

Haut., 32 cent.

49 — Statuette en ivoire représentant l'enfant Jésus, le pied appuyé sur une tête de mort. Travail flamand.

50 — Deux têtes d'appliques de Saints, en ivoire, d'une grande vérité d'exécution. Beau travail allemand de la fin du XVIe siècle.

51 — Jolie horloge en cuivre doré et gravé, flanquée de quatre colonnettes ciselées, et supportée par quatre griffes. La coupole découpée à jours est surmontée d'une pyramide. Travail italien du XVIe siècle d'une fine exécution.

52 — Jolie petite horloge Italienne en bronze doré et gravé, elle se compose d'une base ronde contenant le mouvement et surmontée d'un crucifix qui se termine par une sphère

indiquant les heures; à droite et à gauche de la croix, deux figures de la Vierge et de saint Jean. Les figurines sont en argent.

53 — Petite horloge à quatre faces en cuivre gravé. Époque Louis XIII.

54 — Grande montre ronde de table en cuivre doré, ciselé et gravé, richement décorée d'arabesques découpées à jours. Travail de la fin du XVIe siècle.

55 — Grande montre en cuivre doré, ciselé et découpé à jours richement décorée de rinceaux et d'arabesques. Le tour extérieur est en argent ciselé à jours. Travail de la fin du XVIe siècle.

56 — Montre en cuivre doré, ciselé et gravé, entièrement couverte de rinceaux et d'arabesques découpées à jours. Travail de l'époque de Henri IV.

57 — Petite cage d'horloge de table en cuivre doré et gravé. Époque Louis XIII.

58 — Petite montre en cuivre gravé et doré. Époque de Louis XIII.

59 — Socle en cuivre doré et repoussé aux armes de Frédéric II.

60 — Croix processionnelle en cuivre doré et repoussé, l'arbre et les croisillons sont ornés de panneaux gothiques repoussés et découpés à jour; et de figurines à mi-corps des quatre évangélistes d'un côté et de leurs attributs de l'autre. Le nœud est orné de six nielles sur argent représentant des demi-figures de saints. Travail Italien de la fin du xve siècle.

61 — Très-beau et riche encensoir en cuivre doré, le vase est surmonté d'un château à double étage orné de portiques à frontaux. Travail Italien du xive siècle.

62 — Grande coupe sur piédouche élevé. Le pourtour orné d'une imbrication émail blanc et or. — (Vente Pourtalès).

63 — Coupe basse sur piédouche à godrons; un filet bleu en dessous. Le bord orné d'une bande d'émaux et or.

64 — Coupe basse sur piédouche à côtes plates. Au bord une bande émail et or.

65 — Écuelle en verre craquelé.

66 — Gobelet sur pied violet avec bordure à points d'émail vert.

67 — Petit pot en verre opaque à nœuds bleus.

68 — Vase moulé à pointes de diamant, sur piédouche avec son couvercle. Verre opaque.

69 — Jolie petite aiguière en verre décorée d'ornements dorés.

70 — Vase de jolie forme à deux anses en verre bleu.

71 — Grand verre de Bohème à pied élevé couvert de gravures et de peintures. Époque de Louis XV.

72 — Grand et beau vase antique, urne cinéraire en albâtre orientale; les deux anses sont formées par deux masques barbus.

73 — Petit cadre en bois sculpté décoré d'arabesque dorés, avec plaque à coulisse à l'intérieur une peinture sous verre représentant la Vierge et l'enfant Jésus. Époque de Louis XIII.

74 — Triptyque avec monture en ébène à filets d'ivoire. Le centre représente l'Adoration des mages, l'Annonciation et le Christ avec le Père Éternel. Les volets représentent des figures de saints. Le tout peint sur cuivre. Époque de Louis XIII.

75 — Neuf pommeaux d'épée en fer forgé dont trois damasquinés.

Ce lot sera divisé.

76 — Deux gardes de dagues en fer forgé et damasquiné d'argent.

77 — Coffret dit cabinet en ébène incrusté de filets d'ivoire. Les tiroirs sont ornés de plaques en fer damasquiné d'or et d'argent. Travail de Milan du XVIe siècle.

78 — Trois glaces d'appliques à une lumière. Travail italien.

79 — Deux petits cadres italiens en bois sculpté à feuillages.

80 — Deux autres de même forme et de même travail.

81 — Coffret en marquetterie de bois, renfermant un cabaret en porcelaine de Sèvres, pâte tendre à fond blanc et décoré de fleurs et garni de flacons en verre de Bohême et ustensiles en argent. Époque de Louis XV à Louis XVI.

82 — Coffret en bois avec marquetterie d'écaille de bois et d'ivoire. Époque de Louis XIII.

83 — Petit cabinet de forme élevée à deux ventaux en ébène avec filets d'ivoire. Epoque de Louis XIII.

84 — Bague antique en or, alliance, l'intérieur présente deux mains jointes et l'inscription : *os non cominuetis ex eo.*

85 — Bague de deuil en argent émaillé ornée de têtes de morts et d'ornements, sur le châton une améthyste. XVIe siècle.

86 — Bague en or formée par deux dragons enroulés. Les yeux en rubis.

87 — Bague d'alliance en or formée par deux mains qui se réunissent.

88 — Jolie bague en or émaillé avec cabochon en rubis. XVIe siècle.

89 — Autre en or émaillé de noir formant rinceaux. XVIe siècle.

90 — Autre en or d'un travail très-fin ornée de fleurons et d'un camée en cabochon. XVIe siècle.

91 — Autre de même genre avec cabochon en pâte de verre.

92 — Boucle en cuivre doré ornée de cailloux du Rhin.

93 — Manuscrit sur vélin du XVIIe siècle. Prières choisies, ornée de deux suites de miniatures extraites d'anciens manuscrits des XVe et XVIe siècle. Six en grisaille et dix coloriées de la plus grande finesse d'exécution. Avec reliure dans le genre de Le Gascon.

94 — Joli manuscrit italien sur vélin, orné de lettres miniaturées d'une grande finesse d'exécution. XVe siècle.

95 — Collier en cuivre doré et ciselé, supportant un médaillon représentant Côme de Médicis. XVIe siècle.

96 — Coupe en lapis lazuli à balustre et anse avec monture en argent doré et ciselé, garnie de pierreries. Joli travail moderne dans le style du XVIe siècle.

97 — Autre de même travail, plus petite.

98 — Coupe évidée en agate d'Allemagne violacée, montée sur une patte d'aigle en argent.

99 — Canette en étain de Briot, décorée d'arabesques et de médaillons renfermant des figures mythologiques, avec anse formée par une cariatide surmontée d'un mascaron. Le couvercle manque.

100 — Etui en fer ciselé décoré d'arabesques et de mascarons.

101 — Serrure gothique avec sa clé.

102 — Batterie de mousquet à rouet en fer, couverte de gravures. Époque du XVIe siècle.

103 — Deux volets de polyptique en bois sculpté, représentant des sujets religieux en six compartiments. XVe siècle.

104 — Grand compas astronomique en cuivre doré et gravé, décoré d'arabesques. XVIe siècle.

105 — Petit instrument d'astronomie en cuivre doré et ciselé. XVIe siècle.

106 — Paire d'éperons en argent, dont la molette est formée par une tête grotesque munie d'un ressort qui laisse passer par la bouche, en appuyant, les piquants de l'éperon.

107 — Boîte ovale en bronze gravé et doré.

108 — Bourse en velour brodée aux armes de France et de Pologne.

109 — Etui de montre en cuivre émaillé.

110 — Etui en vernis Martin, décoré d'enfants et de paysages. Epoque Louis XVI.

111 — Médaillon en terre cuite par Nini. Marie-Thérèse d'Autriche.

112 — Coupe en bronze ornée d'anses et de mascarons. (Imitation de l'antique.)

113 — Coupe antique en argent.

114 — Anse et mascaron tête de lion en bronze antique, provenant d'un vase.

115 — Deux miroirs en bronze antique.

116 — Un lacrymatoire antique en verre bleu.

117 — Paire de ciseaux repercés à jour et damasquinés d'or. Travail oriental.

118 — Agrafe en bronze damasquiné d'or et d'argent. Travail oriental.

119 — Coupe en bronze niellé d'argent. Travail chinois,

120 — Petite vasque en bronze niellé d'argent. Travail chinois.

121 — Petite coupe en jade blanc évidée en forme de cœur. Travail chinois.

122 — Petit plateau en écaille de l'Inde. Au centre un sujet en argent gravé et incrusté.

123 — Figurine de lion couché en biscuit dur.

124 — Tuyau en agate orientale.

125 — Tabatière en écaille avec garniture en plaqué d'or. Sur le dessus une jolie peinture représentant une marine d'après Vernet.

126 — Plusieurs tabatières dont une en écaille piquée d'or.

127 — Miniature sur ivoire représentant un personnage en costume Louis XIV, attribuée à Petitot, avec son étui en chagrin renfermant un miroir.

128 — Plusieurs miniatures sur cuivre.

129 — Médaille en bronze représentant Alphonse d'Aragon.

Au revers une chasse au sanglier avec l'inscription : *Venator intrepidus opus pisani pictoris.*

130 — Médailles en or, argent et bronze antique et du moyen âge. Seront divisées.

131 — Médaille en argent. FRÉDÉRIC-GUILLAUME, duc de Saxe. Sans revers.

132 — Argent. FRANCISCUS I. D. G. rex Francie. Buste de face.

133 — Argent. MAXIMILIANUS. Dei. gra. Romanorum rex semper Augustus. Buste de profil à gauche.

134 — Argent. FERDINANDUS. ALVAREZ. a Toleto dux Alvæ. Buste de profil à droite.

135 — Argent. ALEXANDER. FARNESIUS. p. et. p. princeps. Buste de profil à droite.

136 — FREDERIC. PERRENOT. n. f. Buste à droite de profil.

137 — Argent doré. Médaille à suspendre. GUSTAVE ADOLPHE. ℞. Lion debout.

138 — Sous ce numéro seront vendus les objets non catalogués ou omis au présent Catalogue.

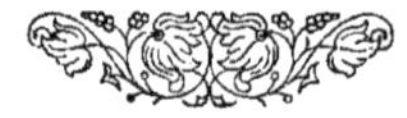

www.ingramcontent.com/pod-product-compliance
Ingram Content Group UK Ltd.
Pitfield, Milton Keynes, MK11 3LW, UK
UKHW020537180726
13839UKWH00006B/2573